일제 강점기에서 광복까지

한국인의 만세 소리는 어디까지 퍼져 나갔나요?

왜 그런지 정말 궁금해요

글 김정인 · 그림 문종인

다섯수레

한국인의 만세 소리는
어디까지 퍼져 나갔나요?

처음 찍은 날 | 2023년 10월 5일
처음 펴낸 날 | 2023년 11월 15일

글 | 김정인
그림 | 문종인

펴낸이 | 김태진　펴낸곳 | 다섯수레
주소 | 서울특별시 마포구 동교로15길 6 (우 04003)
전화 | 02)3142-6611　　팩스 | 02)3142-6615
등록번호 | 제 3-213호　등록일자 | 1988년 10월 13일

인쇄 | (주)로얄프로세스
제본 | (주)책다움

ⓒ 김정인 2023

ISBN 978-89-7478-474-4 73910

김정인 선생님은 서울대학교 역사교육과를 졸업하고,
같은 학교 대학원에서 한국 근대사 전공으로 박사 학위를
받았습니다. 지금은 춘천교육대학교 사회과교육과에서
예비 교사들에게 한국사를 가르치고 있습니다. 지은 책으로
《민주주의를 향한 역사》,《독립을 꿈꾸는 민주주의》,
《오늘과 마주한 3.1 운동》 등이 있습니다.

문종인 선생님은《조선은 어떻게 세계 최대 기록
문화유산을 남겼나요?》,《발해를 왜 해동성국이라고
했나요?》,《봄나물에는 무엇이 있을까요?》에
그림을 그렸습니다.

편집 | 김경희, 김시완, 서해나, 유슬기
디자인 | 김다윤　마케팅 | 이운섭　제작관리 | 김남희

표지 이미지 | 유관순 열사 초상화, ⓒ윤여환
　　　　　　3·1 운동 기념 포스터, 국립민속박물관 소장.

차례

4　일본은 어떻게 우리나라를 빼앗았나요?

4　나라가 망한 날, 사람들은 무엇을 했나요?

5　조선 총독부는 무엇을 하는 곳이었나요?

6　조선 총독부는 왜 제일 먼저 토지를
　　조사했나요?

6　일제는 왜 철도를 설치했나요?

7　신문은 왜 마음대로 발간할 수 없었나요?

7　사람들은 왜 해외로 많이 떠났나요?

8　3·1 운동은 서울에서만 일어났나요?

9　3·1 운동에 어떤 사람들이 참여했나요?

9　세계는 3·1 운동을 어떻게 생각했을까요?

10　대한민국 임시 정부는 어떤 나라를
　　꿈꿨나요?

10　대한민국 임시 정부는 왜 상하이에
　　세워졌나요?

11　국내와 어떻게 연락을 주고받으며 독립운동
　　자금을 모았나요?

11　대한민국 임시 정부의 항일 활동을 많은
　　사람들이 알고 있었나요?

12　이회영은 왜 전 재산을 팔고 만주로
　　갔을까요?

12　봉오동 전투와 청산리 전투에서 독립군은
　　어떻게 승리했나요?

13　일본 천황에게 폭탄을 던진 사람은
　　누구인가요?

13　영화 〈암살〉에서 총을 들고 싸우는 여자
　　주인공은 실제 인물인가요?

14 '내 살림 내 것으로!'라는 구호는 어떻게 나오게 됐나요?

15 브나로드 운동은 무슨 뜻인가요?

15 왜 대학교를 세우려고 했나요?

16 백정 출신들이 요구한 권리는 무엇이었나요?

16 강주룡은 왜 지붕 위에 올라가 시위를 했나요?

17 소작 농민들은 어떻게 지주와 싸웠나요?

17 어린이날은 언제 처음 만들어졌나요?

18 광주 학생 운동은 어떻게 전국에서 일어나게 되었나요?

19 신간회는 어떤 일을 했나요?

19 여성 단체인 근우회는 어떤 주장을 했나요?

20 한국인들은 어떤 교육을 받았나요?

21 학생들은 학교에서 일본어만 써야 했나요?

21 한국인들은 대학에 입학할 수 있었나요?

22 왜 이름을 일본식으로 바꿔야 했나요?

22 학생들은 왜 전쟁터에 끌려갔나요?

23 군함도에서는 어떤 일이 있었나요?

23 일본군 위안부들은 다시 고향으로 돌아왔나요?

24 어떤 사람을 신여성이라고 했나요?

24 자기 뜻대로 연애하고 결혼하는 자유가 있었나요?

25 여성들은 어떤 직업을 가졌나요?

25 '양복 입은 신사'는 어떤 사람을 가리켰나요?

26 교복은 언제부터 입었을까요?

26 여성들은 왜 몸뻬를 입었나요?

27 그때도 배달 음식이 있었나요?

27 서울에서 일본인들은 어디에 모여 살았을까요?

28 서울에 백화점이 있었나요?

28 창경궁은 왜 창경원이 되었나요?

29 가장 많은 관객을 모은 영화는 어떤 것이었나요?

30 대중가요는 인기가 있었나요?

30 누가 문화재를 지켰을까요?

31 일제 강점기에 지어진 건축물이 아직 남아 있나요?

32 어린이들은 어떤 놀이를 했을까요?

32 왜 체조를 열심히 했나요?

33 축구는 그때도 인기가 많았나요?

33 손기정 선수는 시상대에서 왜 고개를 숙였을까요?

34 일본이 전쟁에 진다는 걸 알았을까요?

34 우리나라는 어떻게 해방을 맞았나요?

35 38도선은 어떻게 그어졌나요?

35 일제 강점기를 알려면 어떻게 해야 하나요?

36 독립의 희망을 잃지 않고 일본의 지배에 저항한 36년, 일제 강점기

40 찾아보기

일본은 어떻게 우리나라를 빼앗았나요?

1910년 8월 22일, 대한 제국을 일본의 일부로 합친다는 내용의 '한일 병합 조약'이 일본의 강요에 따라 맺어졌어요. 형식적인 회의를 통해 비밀리에 맺어진 이 조약은 8월 29일에 발표되었지요. 세계 역사에서 대부분의 나라들은 전쟁으로 망했지만, 대한 제국은 일본에게 총과 칼이 아니라 외교 문서 한 장으로 나라를 빼앗기고 만 거예요. 대한 제국은 나라의 주권이 황제에게만 있는 나라이므로, 황제의 도장이 찍힌 외교 문서로 국권을 잃고 사라졌지요. 그렇게 일제 강점기는 1910년부터 1945년까지, 약 36년 동안 이어졌어요.

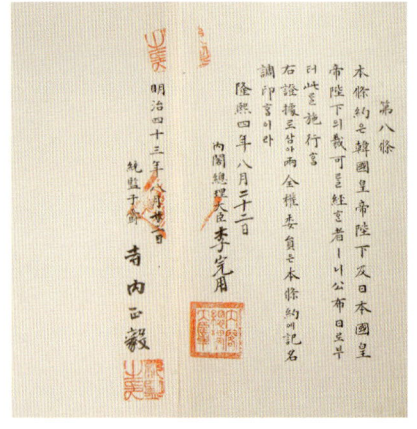

한일 병합 조약
서울대학교 규장각한국학연구원 소장.

나라가 망한 날, 사람들은 무엇을 했나요?

1910년 8월 29일, 서울(경성)의 아침은 평소와 크게 달라 보이지 않았어요. 하지만 사람들은 이날 나라가 망한다는 사실을 소문으로 이미 알고 있었지요. 그래서 거리에는 경찰과 헌병이 가득했고, 말을 탄 경찰들이 쉴 새 없이 순찰을 돌며 거리를 오가는 사람들을 감시했어요. 시인이자 학자였던 황현처럼 나라가 망하자 스스로 목숨을 끊는 사람들도 있었어요. 사람들은 이날을 경술년(1910년)에 나라를 빼앗기는 치욕을 겪었다는 뜻으로 '경술국치일'이라고 불렀어요.

한일 병합 소식을 듣고 슬퍼하는 사람들

조선 총독부는 무엇을 하는 곳이었나요?

조선 총독부는 일제 강점기에 한국인을 통치하던 곳이었어요. 조선 총독은 한국을 마음껏 다스릴 수 있는 힘을 가진 독재자였지요. 조선 총독부는 군인인 헌병을 경찰로 앞세워 총칼로 한국인을 통제하려고 했어요. 헌병 경찰은 한국인을 감시하고, 재판관 노릇도 하고, 세금을 걷는 일을 도맡았어요. 교실에서는 선생님들도 칼을 차고 학생들을 가르쳤고요. 이러한 무서운 분위기는 한국인들이 3·1 운동으로 저항할 때까지 계속되었어요.

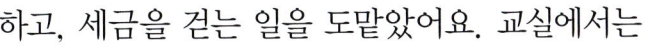

조선 총독부(1911~1925)
일제는 통감부를 폐지하고 통감부 건물을 조선 총독부 건물로 사용했어요. 국립민속박물관 소장.

조선 총독부 신청사(1926~1995)
일제가 1926년에 경복궁에 새로 지은 조선 총독부 청사예요. 해방 이후 이 건물은 정부 청사(중앙청)와 국립중앙박물관으로 사용되다가 1995년에 철거되었어요. 서울역사박물관 소장.

● **조선 총독부에서 한국인을 차별하지는 않았나요?**
조선 총독부에서는 한국인과 일본인을 같은 국민으로 대한다고 했지만, 실제로는 차별을 했어요. 일본인과 한국인의 호적을 따로 만들었고, 처음에는 학교도 따로 다니게 했지요. 게다가 범죄를 저지른 사람에게 곤장을 치는 '태형'을 다시 부활시켜 한국인에게만 시행하기도 했어요.

조선 총독부는 왜 제일 먼저 토지를 조사했나요?

일본은 한국을 지배하는 데 필요한 돈을 한국인에게서 세금을 걷어 마련하려고 했어요. 한국인들이 가장 많이 내는 세금은 토지세였지요. 조선 총독부는 토지에 세금을 매기기 위해 '토지 조사 사업'을 8년 동안 벌이며, 토지의 크기와 가격, 그리고 토지의 주인이 누구인지 적은 서류를 작성하게 했어요. 토지를 조사하면서 조선 총독부와 한국인 사이에 갈등이 생겨 재판을 하는 경우도 있었지요. 이 토지 조사로 세금을 매길 수 있는 토지가 절반 넘게 늘어났고, 토지세는 2배 정도 늘어났어요.

토지 측량 모습, 독립기념관 소장.

일제는 왜 철도를 설치했나요?

서울과 부산을 잇는 '경부선'과 서울과 의주를 잇는 '경의선'은 일본이 대한 제국의 주권을 빼앗기 전에 세운 철도였어요. 부산-서울-의주를 이으며 한반도를 관통하는 이 철도들은 일본이 한반도를 지배하고 중국을 침략하는 데 발판이 되었지요. 일본은 우리나라를 식민지로 만든 후에도 전라도 지역의 쌀을 실어 나르기 위한 '호남선'과 북부 지역의 지하자원을 실어 나르기 위한 '경원선'을 차례로 개통했어요. 이로써 한반도를 X자 모양으로 잇는 철도의 뼈대가 완성되었지요. 일본인들은 기차역을 중심으로 지방에 새로운 도시를 만들고 상권을 차지했어요.

1925년에 준공된 경성역
당시 동양에서 일본 도쿄역 다음으로 규모가 큰 철도역이었어요. 서울역사박물관 소장.

1911년에 준공된 압록강 철교
1904년에 경부선이 연결되고, 1906년에 경의선이 준공된 데 이어, 1911년 11월에 압록강 철교까지 개통되면서 부산에서 서울을 거쳐 만주까지 철도가 연결되었어요. 서울역사박물관 소장.

신문은 왜 마음대로 발간할 수 없었나요?

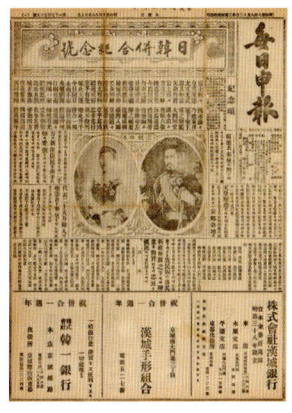

한일 강제 병합 1주년 기사
경술국치일로부터 1년이 지난 1911년 08월 29일, 〈매일신보〉 1면에 메이지 천황 부부의 사진이 나란히 게재되었어요.

일본은 대한 제국을 식민지로 만들면서 한국인이 발행하던 신문을 모조리 없애고, 한글로 된 신문은 조선 총독부가 발행하는 〈매일신보〉만을 남겨 두었어요. 〈매일신보〉에는 주로 조선 총독부가 하는 일을 광고하거나 칭찬하는 기사들이 실렸지요. 이렇게 한국인의 생각을 드러낼 수 있는 신문 발행을 철저히 막는 바람에 일본인들은 3·1 운동이 일어날 때까지 전 민족적인 독립운동이 일어날 줄은 꿈에도 몰랐어요. 3·1 운동에 놀란 조선 총독부는 일본 통치에 대한 한국인들의 저항 의식과 움직임을 알고자 한글 신문도 발행하도록 했지요. 하지만 일본이나 조선 총독부를 비판하는 내용이 실리면 곧바로 발행을 막았어요.

● 〈매일신보〉가 원래 〈대한매일신보〉였다고요?
영국 언론인 베델이 창간한 〈대한매일신보〉는 우리 국민의 항일 정신을 드높여 준 신문이었어요. 조선 총독부는 〈대한매일신보〉를 사들여 '대한'이란 글자는 없애 버리고, 〈매일신보〉라는 이름으로 직접 신문을 발행했지요.

대한매일신보, 국립한글박물관 소장.
어니스트 베델, The tragedy of Korea.

사람들은 왜 해외로 많이 떠났나요?

일제 강점기에 인구는 많이 늘어났지만 증가한 인구의 30퍼센트 정도가 해외로 떠났어요. 주로 만주와 일본으로 이주했는데, 해방되기 직전에는 400만 명의 한국인이 두 지역에 살고 있었지요. 해외로 이주한 가장 큰 이유는 경제적으로 어려웠기 때문이에요. 농민들은 농사로만 먹고살기 힘든 데다가 도시에서 노동자가 되기도 쉽지 않았어요. 결국 농사지을 땅을 찾아 만주로 떠나거나 공장 노동자로 살길을 찾고자 일본으로 떠났지요.

먹고살기가 힘들어 나라를 떠나는 사람들

3·1 운동은 서울에서만 일어났나요?

1919년 3월 1일, 서울과 북부 지방에 자리한 평양, 안주, 진남포, 선천, 의주, 원산 등 7군데의 도시에서 동시에 만세 시위가 일어났어요. 서울에서는 오후 2시에 태화관에서 민족 대표들이 독립 선언식을 했고, 같은 시간 탑골 공원에서는 학생들이 독립 선언서를 낭독한 후 거리로 나가 만세를 불렀어요. 평양에서는 오후 1시에 종교인과 학생들이 독립 선언식을 하고 함께 만세 시위에 나섰지요. 이날 이후 만세 운동은 전국으로 퍼져 나갔어요.

 대규모 시위 발생지(1만 명 이상)
 소규모 시위 발생지

전국으로 퍼져 나간 3·1 운동

독립 선언서를 낭독했던 탑골 공원의 팔각정

일제의 감시 대상 인물 카드 속 유관순의 사진
유관순은 "내 나라 독립을 위해 만세를 부른 것이 어찌 죄가 되느냐? 죄가 있다면, 불법적으로 내 나라를 빼앗은 너희들에게 있는 것 아니냐?"라며 재판관을 꾸짖었다고 해요. 연합뉴스 소장.

3·1 운동에 어떤 사람들이 참여했나요?

덕수궁 뒷길 만세 시위, 독립기념관 소장.

3·1 운동을 준비하고 전국에서 만세 시위가 일어나는 데 큰 역할을 한 사람들은 종교인과 학생들이었어요. 특히 유관순과 같은 여학생들이 거리에서 만세 시위를 벌이자 많은 사람이 감동하여 동참했지요. 도시에서는 학생들과 노동자들이 함께 만세 시위에 앞장섰고, 농촌에서는 농민들이 일본 헌병과 경찰에 맞서 용감히 만세 시위를 벌였어요. 어린이들이 제일 먼저 나서 만세 운동을 벌인 곳도 있었지요. 한국인 모두가 한마음으로 참여하면서 전국 곳곳에서는 2달 넘게 매일 만세 소리가 울려 퍼졌어요.

세계는 3·1 운동을 어떻게 생각했을까요?

만세 시위는 국내를 넘어 국외까지 이어졌어요. 한국인들이 목숨을 아까워하지 않고 독립 만세를 외치자 세계인들은 감동했지요. 일본의 침략 위협에 시달리던 중국인들은 한국인들처럼 일본에 저항해야 한다고 목소리를 높이기도 했어요. 예상치 못한 분위기에 깜짝 놀란 일본은 거세게 시위를 진압해 나갔고, 1919년 4월 15일에는 제암리 주민들을 학살하고 마을을 불태우기까지 해 국제 사회의 비판을 받았어요.

미국 필라델피아에서 일어난 만세 시위 독립기념관 소장.

대한민국 임시 정부는 어떤 나라를 꿈꿨나요?

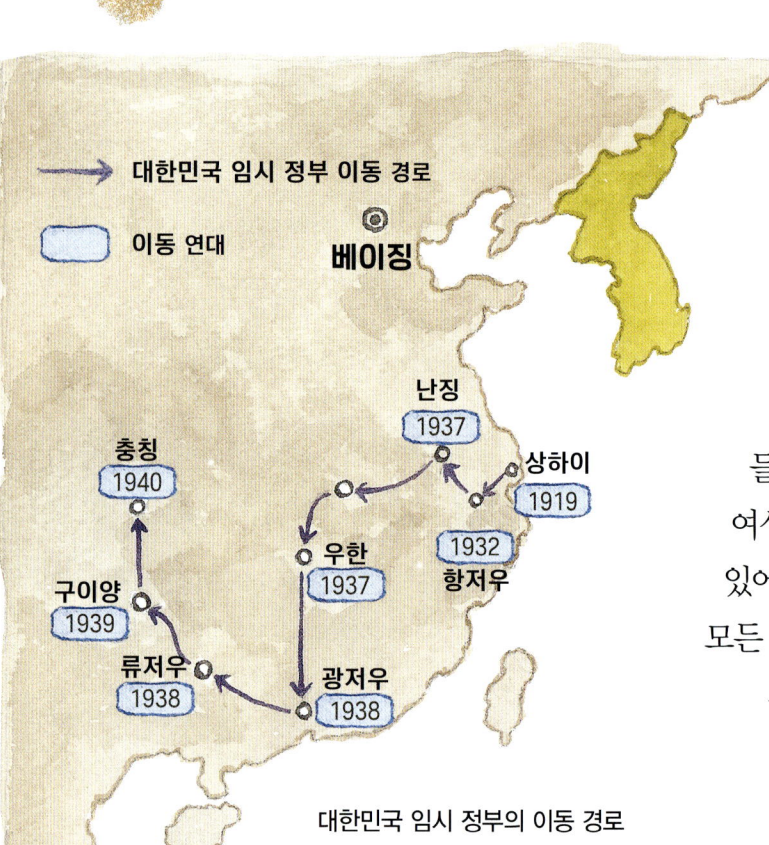

대한민국 임시 정부의 이동 경로

1919년 4월 11일, 중국 상하이에 대한민국 임시 정부가 세워졌어요. 임시 정부는 국민이 주인이 되는 나라를 만들겠다는 뜻을 담아 '대한민국 임시 헌장'을 발표했지요. 여기에는 국민이 뽑은 의원이 나라의 법을 만드는 임시 의정원을 세우는 일과 국민의 자유권과 평등권을 보장하는 내용이 들어 있었어요. 특히 남녀평등을 원칙으로 삼고 여성에게도 투표에 참여할 권리를 준다는 내용이 있어서 많은 사람이 환영했지요. 반드시 독립해서 모든 국민이 민주 공화국에서 살 수 있게 하겠다는 희망, 그것이 27년 동안 대한민국 임시 정부가 유지되어 온 힘이었어요.

대한민국 임시 정부는 왜 상하이에 세워졌나요?

3·1 운동이 활발해지면서 곳곳에 임시 정부가 세워졌어요. 미국에서 활동하던 독립운동가 안창호는 민족의 힘을 하나로 모으기 위해 임시 정부를 통합하는데 나섰어요. 그리하여 러시아 연해주의 대한 국민 의회, 중국 상하이의 대한민국 임시 정부, 서울의 한성 정부를 통합한 '대한민국 임시 정부'가 1919년 9월에 상하이에 세워졌지요. 상하이는 각국의 외교 기관이 모여 있는 국제도시여서 독립운동하기에 적합했어요.

상하이 대한민국 임시 정부 청사, 경기도박물관 소장.

국내와 어떻게 연락을 주고받으며 독립운동 자금을 모았나요?

임시 정부는 국내에 '연통제'를 실시했어요. 연통제는 각 도와 군과 면 모두를 아우르는 전국적인 연락망 제도였는데, 일본의 감시를 피해 임시 정부에서 파견한 특파원들이 비밀리에 조직했지요. 그리고 국내와 국외의 원활한 연락을 위해 '교통국'을 설치하고 통신원을 배치했어요. 교통국은 국내 동포에게 정보를 전달하고 독립운동 자금을 모집해 상하이에 있는 임시 정부에 전달하는 활동을 했어요. 교통국의 활약은 일본 관리들을 당황스럽게 만들 정도로 성과가 있었지만 결국 발각되고 말았어요.

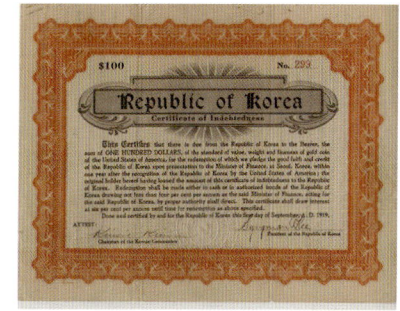

독립 공채
대한민국 임시 정부가 발행한 독립 공채예요. 독립한 이후에 갚겠다고 약속하고 사람들에게 독립운동 자금을 빌렸어요. 독립기념관 소장.

공채금 영수증(왼쪽)과 광복 후원금 영수증(오른쪽), 독립기념관 소장.

대한민국 임시 정부의 항일 활동을 많은 사람들이 알고 있었나요?

대한민국 임시 정부는 특파원과 통신원을 통해 항일 활동을 알렸어요. 임시 정부에서 만든 〈독립신문〉과 인쇄물을 국내로 널리 전파했지요. 이러한 선전 활동으로 여성들은 임시 정부가 남녀평등을 선언하며 여성에게도 투표권을 주는 대한민국 임시 헌장을 발표했다는 소식을 알게 되었고, 크게 기뻐하여 '대한민국 애국 부인회'를 만들어 임시 정부에 독립운동 자금을 보내기도 했어요.

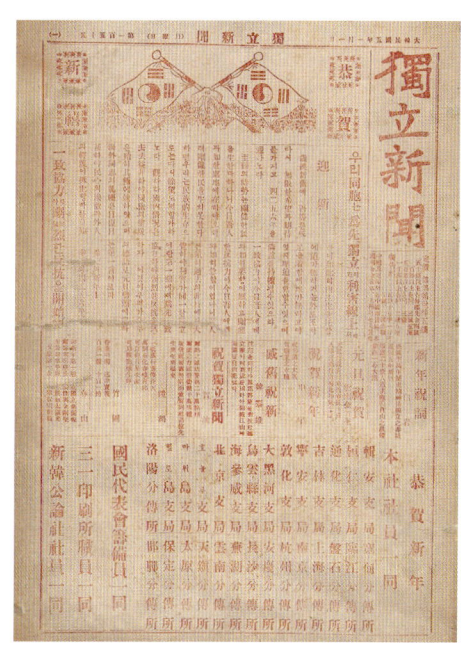

상해판 〈독립신문〉 1923년 1월 1일 자
대한민국역사박물관 소장.

이회영은 왜 전 재산을 팔고 만주로 갔을까요?

명문가에서 태어난 이회영과 그의 형제들은 오늘날 돈으로 600억이나 되는 재산을 모두 팔아 독립운동을 하러 만주로 떠났어요. 나라를 잃자마자 그해 겨울 40명이 넘는 대가족이 일본 경찰의 감시를 뚫고 압록강을 건넜지요. 만주로 건너간 이회영은 제일 먼저 독립군을 키웠어요. 군사 학교인 '신흥 무관 학교'를 열어 문을 닫을 때까지 9년 동안 3,500여명의 독립군을 키워 냈지요. 신흥 무관 학교 졸업생들은 만주를 비롯해 중국 곳곳에서 독립군으로 활약했어요.

신흥 무관 학교 군사 훈련 모습

이회영, 우당기념사업회 소장.

봉오동 전투와 청산리 전투에서 독립군은 어떻게 승리했나요?

중국이 혼란한 틈을 타서 한국인들은 만주에 독립군 부대를 만들었어요. 독립군 부대는 압록강과 두만강을 건너 일본군을 공격하고 다시 만주로 돌아가곤 했지요. 그러자 일본군은

청산리 전투에서 승리한 독립군, 국사편찬위원회 소장.

독립군을 쫓아 만주 봉오동으로 쳐들어갔어요. 홍범도가 이끄는 독립군 부대는 일본군을 골짜기로 몰아넣고 공격해 무찔렀어요. 일본군이 다시 공격할 기미를 보이자 김좌진과 홍범도가 이끄는 독립군 부대는 자신들에게 유리한 지형인 청산리로 일본군을 유인해 일주일 동안 10차례의 대격전 끝에 완벽한 승리를 거두었어요.

일본 천황에게 폭탄을 던진 사람은 누구인가요?

일본 도쿄 한복판에서 한인 애국단 단원인 이봉창은 천황을 향해 폭탄을 던졌어요. 한인 애국단은 대한민국 임시 정부를 이끌던 김구가 만든 비밀 조직이었지요. 얼마 후 또 한 명의 한인 애국단 단원인 윤봉길은 상하이 훙커우 공원에서 일본군 총사령관이 서 있던 단상으로 폭탄을 던졌어요. 이봉창과 윤봉길의 용감한 의거에 감명을 받은 중국 정부는 대한민국 임시 정부를 적극적으로 지원해 주었어요.

윤봉길의 회중시계
윤봉길이 한인 애국단에 들어간 후 간직하던 시계예요.
훙커우 공원으로 떠나던 날 아침에 김구의 시계와 맞바꾸었어요.
문화재청 소장.

한인 애국단 선서식을 마친 후의 이봉창
백범김구선생기념사업협회 소장.

영화 〈암살〉에서 총을 들고 싸우는 여자 주인공은 실제 인물인가요?

독립운동가의 항일 운동을 다룬 영화 〈암살〉(2015)에는 친일파를 암살하는 임무를 맡은 여성 저격수 안옥윤이 나와요. 이 용맹한 독립군의 실제 모델은 남자현이지요. 잘 알려지지 않았지만, 당시에 여성들도 총을 들고 독립군으로 활약했어요. 1924년에 사이토 총독을 암살하려 했던 남자현, 평안남도 경찰국과 평양 시청, 평양 경찰서에 폭탄을 던진 안경신, 일본의 침략으로 중국에서 전쟁이 일어나자 조선 의용대 대원으로 일본군과 싸웠던 이화림, 한국광복군 대원이었던 오광심, 그 외에도 이름 없는 독립군으로 활약한 여성들이 있었어요.

총을 들고 활약하는 남자현

'내 살림 내 것으로!'라는 구호는 어떻게 나오게 됐나요?

직접 무기를 들고 싸우는 독립운동도 있었지만 실력을 양성하고 힘을 키워 독립하자는 운동도 있었어요. 경제적으로 자립하기 위해 우리 민족의 산업을 발전시켜야 한다고 생각한 사람들은 '물산 장려 운동'을 시작했지요. 일본이나 다른 나라 물건을 쓰지 말고 한국인이 만든 물건을 쓰자는 운동이었어요. 물산 장려 운동가들은 전국을 돌며 강연과 전시회를 열었고, '내 살림 내 것으로!'라고 외쳤지요. 한국인이 만든 물건을 입고 먹고 써야 경제적 힘을 키울 수 있다는 주장에 많은 사람들이 지지를 보냈어요.

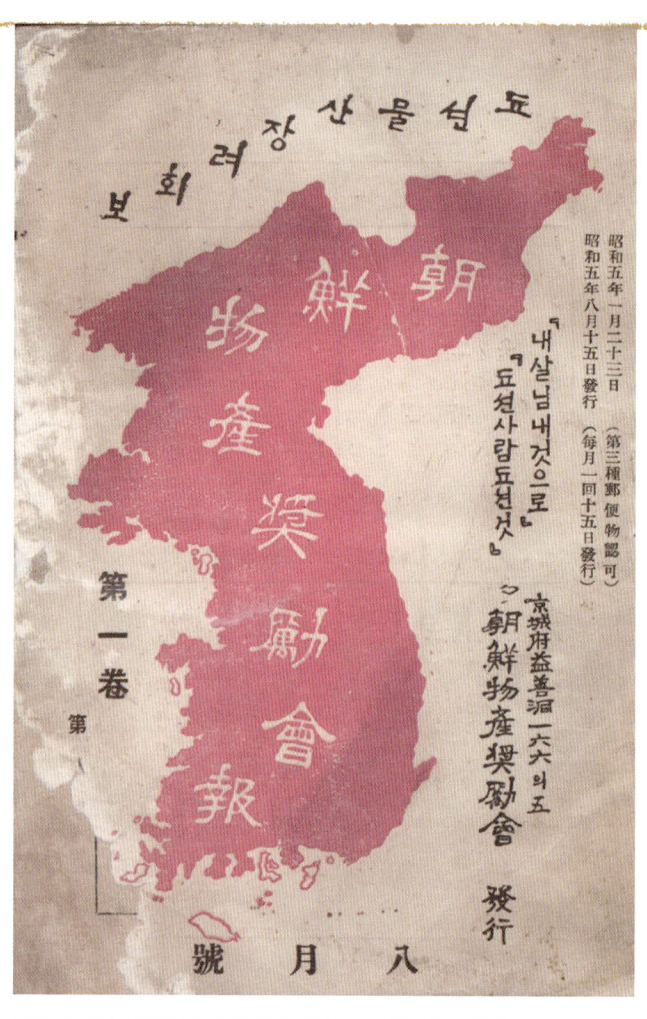

1930년 8월 15일 발행된 〈조선물산장려회보〉 제1권
국사편찬위원회 소장.

물산 장려 운동 삽화

● 한국인이 만든 어떤 상품을 쓰자고 주장했나요?
남자의 두루마기와 여자의 치마를 한국인이 만든 것으로 염색하고, 소금, 사탕, 과일, 청량음료를 제외하고 한국에서 생산되는 것을 사용하자고 했어요.

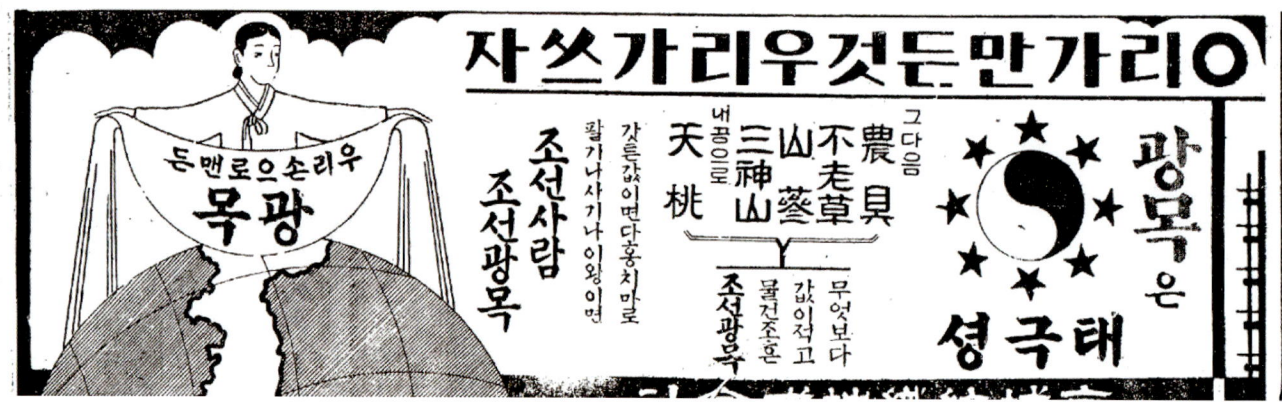

경성 방직 주식회사 국산품 애용 광고

브나로드 운동은 무슨 뜻인가요?

한국인이 실력을 키우기 위해서는 우선 인구의 대부분을 차지하는 농민들이 한글을 깨치는 일이 필요했어요. 조선일보는 '아는 것이 힘이다. 배워야 산다'라는 구호를 내걸고, 방학이 되어 고향으로 돌아가는 학생들을 선생님으로 모집해 농민들에게 문자를 보급하는 운동을 벌였어요. 동아일보는 한글 맞춤법을 만든 조선어 학회와 함께 전국에서 조선어 강습회를 열었지요. 이것을 브나로드 운동이라고 불렀어요. 러시아어인 브나로드는 '민중 속으로'라는 뜻으로, 러시아에서 일어났던 농촌 계몽 운동에서 나온 말이에요.

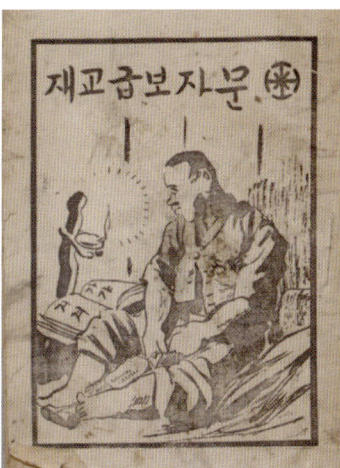

브나로드 운동 포스터   조선일보의 문자 보급 교재

왜 대학교를 세우려고 했나요?

인재를 기르는 것도 힘을 키우는 방법 중 하나예요. 교육이 중요하다고 생각한 사람들은 한국인의 힘을 모아 대학을 세우는 '민립 대학 설립 운동'을 벌였어요. 대학을 세우는 데 필요한 돈을 모으려고 전국에 조선 민립 대학 기성회를 만들었지요. 하지만 조선 총독부가 민립 대학 설립을 계속 방해하는 데다 생각만큼 돈이 많이 모이지 않아서 성공하지는 못했어요. 한국인들의 높은 교육열에 놀란 조선 총독부는 서둘러 경성 제국 대학을 세웠지요.

조선 민립 대학 기성회 창립 총회 사진(1932), 독립기념관 소장.

백정 출신들이 요구한 권리는 무엇이었나요?

조선 시대에 백정은 소와 돼지를 잡고 가죽을 다루는 신분을 가리키는 말이었어요. 1894년에 갑오개혁이 일어나면서 신분제가 없어졌지만, 여전히 백정 출신들은 사회적으로 차별을 받았어요. 백정 출신의 아이들은 학교도 제대로 다닐 수 없었지요. 그래서 그들은 인간답게 살 권리를 주장하며 형평사(衡平社)라는 단체를 만들었어요. 균형을 이룬 양팔 저울(衡)처럼 평(平)등하고 자유로운 세상에서 살기 위함이었지요. 이에 많은 사람들이 호응하면서 백정 출신에 대한 차별은 차츰 사라졌어요.

형평운동기념탑
형평운동기념사업회 소장.

강주룡은 왜 지붕 위에 올라가 시위를 했나요?

나는 죽음을 각오하고 이 지붕 위에 올라왔습니다.

을밀대, 평양의 금수산 봉우리에 세워진 정자예요. 정자 뒤로는 아찔한 절벽이지요. 강주룡은 이 높은 곳에서 시위를 했어요. 국립민속박물관 소장.

평안남도 평양에 있는 평원 고무 공장 노동자들은 회사가 일방적으로 임금을 깎자 일을 중단하고 파업에 들어갔어요. '노동 쟁의'가 일어난 것이지요. 회사는 경찰을 불러 파업한 노동자들을 공장 밖으로 쫓아냈어요. 여성 노동자 강주룡은 이 사실을 널리 알리기 위해 평양 대동강 강변에 있는 12미터 높이의 을밀대 지붕 위로 올라갔어요. 그리고 임금 깎는 것을 취소하기 전까지는 내려가지 않겠다며 시위를 했어요.

소작 농민들은 어떻게 지주와 싸웠나요?

지주와 소작인 삽화
건장한 체격의 지주가 "달라는 대로 안 주니 이놈 좀" 잡아가라고 일본 경찰한테 말하자, 농민이 "내가 무슨 죄가 있소. 목구멍이 원수요!"라고 말하며 억울해 하고 있어요.
〈조선일보〉 1924년 1월 1일 자.

농사지을 권리를 스스로 지켜야 한다고 생각한 농민들은 단체를 만들어 활동했어요. 제일 많은 단체가 다른 사람의 땅을 빌려 농사를 짓는 소작인들이 만든 소작인 조합이었지요. 소작인들은 지주들에게 소작료를 낮추고, 소작 지을 사람을 자주 바꾸지 말라고 항의했어요. 이것을 '소작 쟁의'라고 불러요. 전국 곳곳에서 소작 쟁의가 일어나면 사람들은 소작인들에게 격려하는 메시지를 보내고, 돈이나 물건을 보내 힘을 보탰어요.

어린이날은 언제 처음 만들어졌나요?

방정환은 어린이들이 새 세상의 주인공으로 씩씩하게 자라날 수 있도록 어린이 운동을 펼쳤어요. 동화, 동요, 동시를 실은 〈어린이〉라는 잡지도 발간해 아이들에게 큰 인기를 끌었지요. 1922년 5월 1일에는 처음으로 어린이날을 만들어 서울 시내에서 행진을 벌였어요. 그다음 해부터는 전국에서 어린이 단체들이 힘을 합쳐 행사를 벌이게 되면서, 어린이날은 아이는 물론 어른도 함께 하는 축제가 되었지요. 사람들은 수많은 어린이들이 노래를 부르며 행진하는 모습 속에서 나라를 되찾을 수 있다는 희망을 발견했어요.

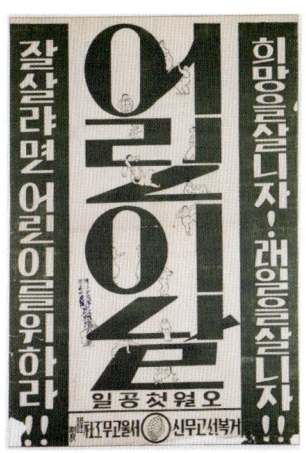

어린이날 포스터
어린이날은 원래 '새싹이 돋아나는 날'을 상징하는 5월 1일이었다가 5월 첫째 일요일로 바뀌었어요. 광복 이후에는 5월 5일로 바뀌었지요. 독립기념관 소장.

월간 아동 잡지 〈어린이〉와 부록인 '세계발명말판'
국립민속박물관 소장.

광주 학생 운동은 어떻게 전국에서 일어나게 되었나요?

한국인 학생들은 일본인 학생들과의 민족 차별에 큰 불만을 품고 있었어요. 마침내 전국에서 일본에 저항하는 학생 운동이 일어났는데, 전라남도 광주에서 시작되어 '광주 학생 운동'이라고 불러요. 점차 서울까지 학생 시위가 커지자 조선 총독부는 임시로 방학을 실시했지만, 다시 개학일이 되자 서울의 모든 여학교 학생들이 함께 시위를 벌였지요. 이 시위에 자극받아 전국 곳곳에서 한 달이 넘게 학생 시위가 이어졌어요. 무려 320개가 넘는 학교가 광주 학생 운동에 참가했지요.

나주역 한·일 학생 충돌 사건
1929년 10월 30일, 나주역에서 일본인 남학생이 한국인 여학생을 밀치면서 양국 학생 간의 싸움이 일어났어요.

성진회 회원 사진
성진회는 1926년 11월에 결성된 광주 학생 비밀 모임으로, 광주 학생 운동을 전국으로 퍼뜨리는 데 큰 역할을 했어요. 광주제일고등학교 소장.

● **학생들은 어떤 방식으로 저항 운동을 해 나갔나요?**
학생들은 학교에서 일본인 교장이나 교사들이 한국인 교사와 학생을 차별하면, 함께 모여서 시위를 하거나 학교를 가지 않는 '동맹 휴학'을 벌이기도 했어요. 1927년, 서울에 있는 숙명 여자 고등 보통학교의 전교생 400여 명은 학생에 대한 대우를 높이는 것은 물론, 일본인 교사를 내보내고, 한국인 교사를 늘리기 위해 등교를 거부했어요.

신간회는 어떤 일을 했나요?

민족 운동을 펼치던 사람들 가운데 독립은 이제 불가능하다면서 일본의 지배를 인정하자는 사람들이 나타났어요. 하지만 민족 운동가들은 대부분 이에 반대하며, 신간회를 만들어 한국인의 인권을 보호하고 여러 사회 활동을 돕는 일에 앞장섰지요. 신간회는 전국에 140개가 넘는 지회를 두었고, 회원이 가장 많을 때는 4만 명에 달했어요. 광주 학생 운동이 일어났을 때는 이를 지지하는 민중 대회를 준비하다가 신간회 간부 대부분이 잡혀가기도 했어요.

신간회 창립 삽화
민족주의자와 사회주의자가 독립이라는 하나의 목표를 위해 함께 항일 민족 단체인 신간회를 만들었어요.
〈동아일보〉 1928년 1월 1일 자.

〈근우〉
근우회에서 펴낸 잡지예요. 현담문고 소장.

여성 단체인 근우회는 어떤 주장을 했나요?

근우회는 전국적인 여성 단체였어요. 전국에 64개의 지회를 갖고 있었고, 회원은 6천여 명 정도였지요. 근우회는 강연회와 토론회를 열어 남녀 차별은 사라져야 하며, 남녀가 똑같이 교육받아야 한다고 주장했어요. 여성 노동자들이 남성 노동자에 비해 낮은 임금을 받는 것도 비판했지요. 근우회는 무엇보다 여성들이 한글을 배우고 이해할 수 있도록 계몽 운동에 힘썼어요.

한국인들은 어떤 교육을 받았나요?

조선 총독부는 한국인들에게 일본어, 일본 역사, 일본 지리를 가르쳤고, 기술을 배우는 실업 교육을 받으라고 요구했어요. 오늘날 초등학교에 해당하는 보통학교를 많이 짓지 않아 한국인들은 입학 경쟁에 시달려야 했지요. 시간이 갈수록 한국어, 한국사, 한국 지리 시간은 크게 줄어들고 대신 일본어, 일본 역사, 일본 지리 시간이 늘어났어요. 당시 교육 목표는 일본에 충성하는 사람들을 만드는 데 있었어요.

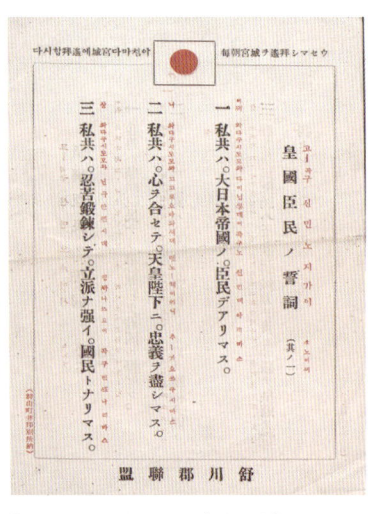

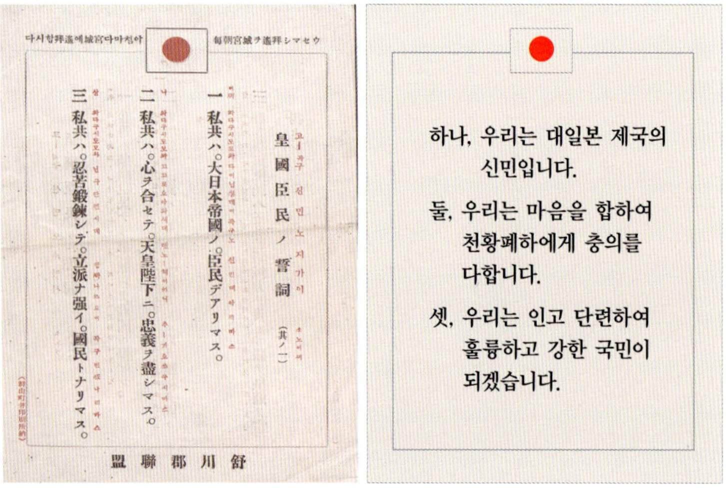
毎朝宮城ヲ遙拜シマセウ
매아침마다宮城에遙拜합시다

皇國臣民ノ誓詞（其ノ一）

一 私共ハ。大日本帝國ノ。臣民デアリマス。

二 私共ハ。心ヲ合セテ。天皇陛下ニ。忠義ヲ盡シマス。

三 私共ハ。忍苦鍛錬シテ。立派ナ強イ。國民トナリマス。

舒川郡聯盟

하나, 우리는 대일본 제국의 신민입니다.

둘, 우리는 마음을 합하여 천황폐하에게 충의를 다합니다.

셋, 우리는 인고 단련하여 훌륭하고 강한 국민이 되겠습니다.

황국 신민 서사 카드(아동용)
일본 제국의 백성(황국 신민)으로서 지켜야 할 서약이 적혀 있어요. 학교에서 학생들은 이 맹세를 암송해야 했어요. 국사편찬위원회 소장.

군사 훈련하는 통영 공립 보통학교 학생들(1942)
경남교육청 소장.

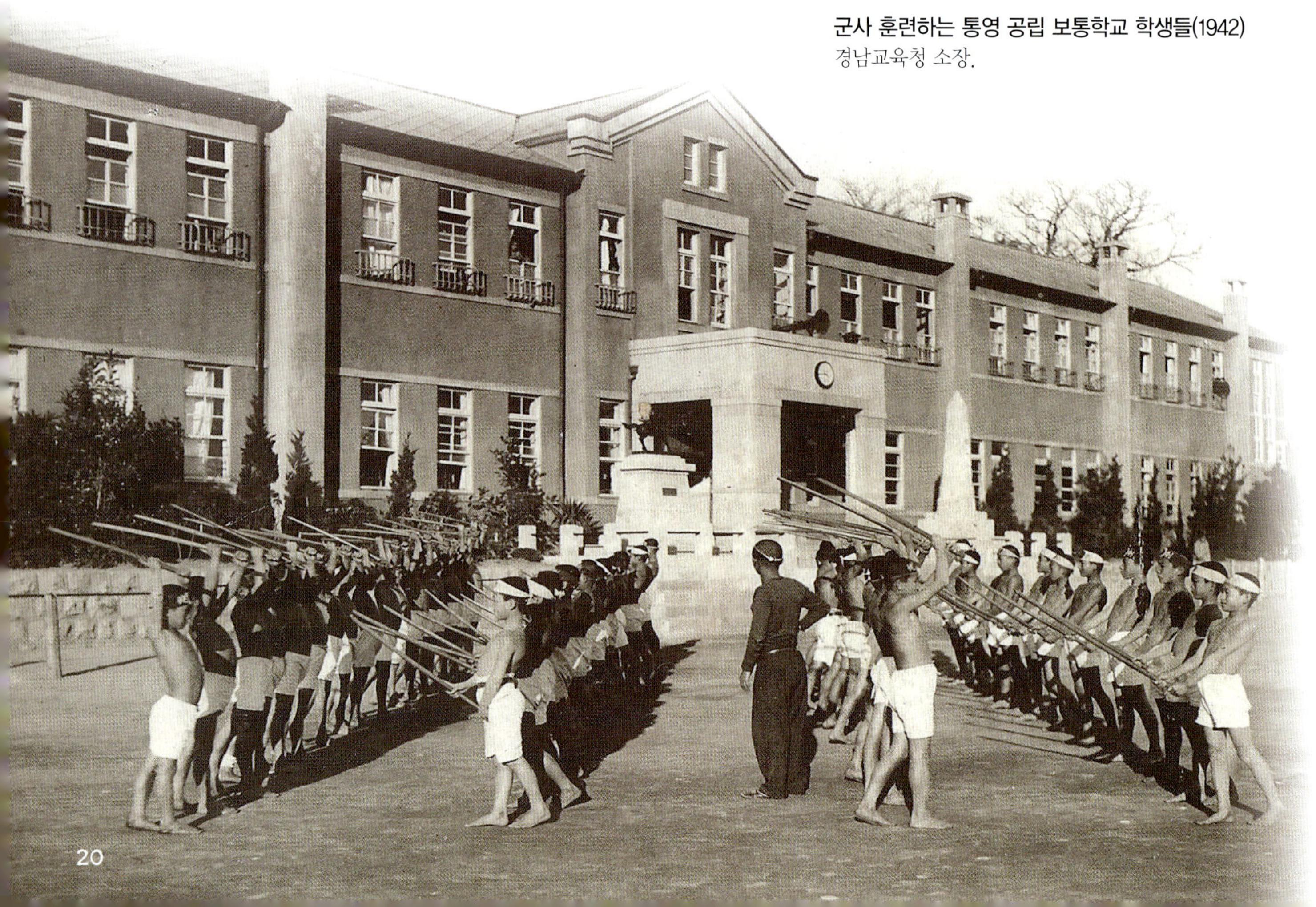

학생들은 학교에서 일본어만 써야 했나요?

조선 총독부가 처음부터 학교에서 한국어를 못 쓰게 하지는 않았어요. 그런데 중국을 침략할 무렵부터, 한국어를 누구나 배워야 하는 과목이 아니라 선택해서 배우는 과목으로 만들었지요. 그러자 공립 학교에서는 더 이상 한국어를 가르치지 않게 되었어요. 또한 학교에서는 수업 시간뿐만 아니라 친구와 놀 때도 일본어만 사용하도록 강요했어요. 관청에서도 일본어만 쓰게 하는 데다가 한국어로 된 서류는 접수하지도 않았지요. 사람들은 일본어를 할 줄 아는 사람을 데리고 관청에 가야 했어요.

학교에서 친구들끼리 한국말로 떠들었다가 선생님에게 혼나는 모습

한국인들은 대학에 입학할 수 있었나요?

조선 총독부가 세운 경성 제국 대학은 일제 강점기에 세워진 하나뿐인 대학이었어요. 경성 제국 대학은 한국인도 입학할 수 있었지만 일제 강점기 내내 한국인 학생은 3분의 1밖에 되지 않았고, 수업은 일본어로 진행되었지요. 경성 제국 대학을 졸업한 학생은 고등 문관 시험을 쳐서 관리가 되는 경우가 많았어요. 중등 교육을 받은 학생들은 보통 한국인이 운영하는 전문학교에서 공부했지요. 연희 전문학교(연세 대학교), 보성 전문학교(고려 대학교), 이화 여자 전문학교(이화 여자 대학교)가 대표적인 전문학교였어요.

경성 제국 대학 법문학부
서울역사박물관 소장.

왜 이름을 일본식으로 바꿔야 했나요?

일본은 중국과 전쟁을 시작하면서 한국인을 일본인으로 만들기 위한 정책을 펼쳤어요. 일본 천황에게 충성을 맹세하게 하여 전쟁터에서 싸우다 죽게 만들려는 목적이었지요. 이를 위해 한국식 이름을 버리고 일본식 이름을 갖도록 '창씨개명'을 강요했어요. 여기에 반대해 이름을 바꾸지 않는 사람에게는 자녀가 학교에 입학하지 못하게 불이익을 주었으며, 학교에서는 학생의 머리에 먹으로 'X' 자를 표시해 돌려보내기도 했어요.

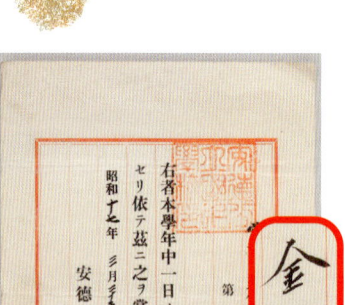

안덕 공립 심상소학교 개근 상장
수상자인 김성원(金成源)의 이름이 '가나사와 세이갱(金澤成源)'이라는 일본식 이름으로 쓰여 있어요.
국립민속박물관 소장.

내선일체(內鮮一體) 홍보 엽서
내선일체는 내지(內, 일본)와 조선(鮮, 한국)이 한 몸이라는 뜻을 담고 있어요.
민족문제연구소 소장.

학생들은 왜 전쟁터에 끌려갔나요?

일본은 자신들이 일으킨 중일 전쟁에서 금방 승리할 거라고 믿었어요. 하지만 중국이 예상보다 잘 버티자 일본인은 물론이고 자신들이 지배하고 있던 한국과 타이완 사람들을 전쟁에 끌어들였어요. 자원하여 군대에 들어가는 지원병 제도를 만들었지만, 실제로는 온갖 압력을 가해 학생들까지 군인으로 동원했지요. 일본은 점차 전쟁에서 불리해지자 일정한 나이 이상의 남성을 모두 군인으로 끌고 가는 징병제까지 실시했어요. 일본을 위해 목숨을 바치라고 한국인들을 전쟁터로 내몬 셈이지요.

● **가정에서 사용하던 놋그릇은 왜 모두 사라졌나요?**
조선 총독부는 전쟁에 사용할 식량을 마련하고자 한국인이 생산한 쌀을 '공출'이라는 제도를 만들어 강제로 헐값에 사갔어요. 게다가 무기를 만들려고 가정의 놋그릇, 교회나 절의 종, 동상, 철도 레일 같은 금속류도 걷어 갔지요.

놋그릇을 공출해 가는 일본 군인

군함도(하시마섬)

홋카이도 샤쿠베쓰 탄광에 강제 동원된 노동자들(1940년대)
국립일제강제동원역사관 소장.

군함도에서는 어떤 일이 있었나요?

한국 남성들은 군인만이 아니라 노동자로도 끌려갔어요. 강제로 끌려간 한국인들은 탄광, 무기 공장, 철도 건설 현장처럼 위험한 곳에서 일했지요. 일본 나가사키항 앞에는 사람이 살지 않는 하시마섬이 있는데, 여기에는 본래 탄광이 있었어요. 섬 모양이 군함처럼 생겼다고 해서 '군함도'라고 불렸지요. 많은 한국인들은 탈출이 불가능했던 군함도로 끌려가, 가혹한 대우를 받으며 석탄을 캤어요. 좁은 갱도에서 허리도 펴지 못하고 일하다가 다시 고향에 돌아오지 못한 한국인들도 있었지요.

일본군 위안부들은 다시 고향으로 돌아왔나요?

일본군 '위안부'란 일본군 위안소에 강제로 끌려가 성폭행을 당한 여성들을 가리키는 말이에요. 위안부로 끌려간 한국 여성들은 대부분 결혼하지 않은 10대였으며, 결혼한 여성도 있었어요. 공장에 취직시켜 준다거나 돈을 많이 벌게 해 준다는 말에 속아서 간 사람이 많았지요. 일본군 위안부는 철통같은 감시 때문에 도망가지 못하고 힘든 시간을 견뎌야 했어요. 전쟁이 끝나고도 부끄러운 마음에 한국으로 돌아오지 못한 경우가 많았지요. 50년이라는 긴 시간이 흐르고, 1991년에 김학순 할머니가 일본군 위안부 출신임을 밝힐 때까지 한국에 돌아왔던 많은 분들이 마음의 상처를 숨기고 살아야 했어요.

평화의 소녀상
일본군 위안부 피해자의 아픔을 기억하고, 올바른 역사 인식을 확립하기 위해 세워진 동상이에요. 2011년에 서울시 종로구에 있는 일본 대사관 앞에 처음으로 세워진 후, 국내 곳곳을 넘어 해외에서도 세워지고 있어요. 시흥시 소장.

어떤 사람을 신여성이라고 했나요?

여성들도 학교를 다니게 되면서 중등학교 이상을 다닌 여성들을 '신여성' 또는 '모던 걸'이라고 불렀어요. 신여성은 주로 양장이나 개량 한복을 입었고, 무엇보다 단발머리를 하고 다녔지요. 남자들은 단발을 해도 반발이 없었지만, 여성들의 단발은 화젯거리가 되었어요. 신문에 나기도 하고, 남성들에게 크게 비난받기도 했거든요. 신여성들은 단발은 시대 변화에 따른 개인적인 선택일 뿐이라고 주장했어요.

〈신여성〉
1920~30년대에 걸쳐 간행된 잡지예요. 현담문고 소장.

최승희
당시 무용가로 활동했던 신여성 최승희예요. 단발머리를 하고 코트를 입고 있어요.

자기 뜻대로 연애하고 결혼하는 자유가 있었나요?

신여성의 당당한 삶에서 가장 큰 장애물은 조혼 제도였어요. 어려서 결혼하는 걸 '조혼'이라고 하는데, 보통 부모가 배우자를 골라 주었지요. 자유롭게 연애하다가 결혼하는 사람은 거의 없었어요. 신여성들은 자유 연애와 자유 결혼을 주장했지만 사회로부터, 특히 남성들로부터 거센 비판에 시달려야 했어요.

작업실에 선 나혜석의 모습(1932)
나혜석은 당시에 "여자도 사람이다. 여자라는 것보다 먼저 사람이다." 라고 말하며, 여성의 권리에 관심을 가지고 새로운 여성상을 만들고자 노력했던 화가예요. 결혼을 하라는 아버지의 말을 거부하고 자신의 미술 공부를 위해 유학을 떠났다가 나중에 결혼을 했어요.
수원시립아이파크미술관 소장.

여성들은 어떤 직업을 가졌나요?

여성들이 학교에서 교육을 받고 사회생활에 뛰어들면서 직업을 가진 여성들이 늘어났어요. 여성들이 가장 좋아했던 직업은 교사로, 유치원과 초등학교, 중등학교 교사를 길러 내는 학교는 언제나 인기가 높았지요. 또한 간호사도 교육받은 여성들이 좋아하는 직업 중 하나였어요. 학교 교육을 받지 못한 여성들은 공장에서 노동자로 살아가는 경우가 많았지요. 여성 노동자들은 일본인 남성에 비하면 4분의 1, 한국인 남성에 비하면 2분의 1밖에 안 되는 임금을 받았어요.

수원 자혜의원 수술실
서울역사박물관 소장.

'양복 입은 신사'는 어떤 사람을 가리켰나요?

갑신정변의 주역들
왼쪽부터 박영효, 서광범, 서재필, 김옥균이에요.
독립기념관 소장.

최초로 양복을 입고 찍은 한국인의 사진은 어떤 것일까요? 바로 1884년에 갑신정변을 일으킨 사람들이 단발머리에 양복 차림으로 찍은 사진일 거예요. 일제 강점기에 들어와서는 학교 교육을 받은 모던 보이들이 양복을 입고 거리를 활보하기 시작했어요. 청년들이 먼저 양복을 입기 시작하면서 양복을 맞추는 양복점이 생겨났고, 신문에는 '양복 입은 신사'가 그려진 양복점 광고가 자주 등장했어요.

코트 광고
광고 속의 신사는 전통 갓을 쓰고 고무신을 신은 채 코트를 걸치고 있어요.
〈조선일보〉 1934년 12월 11일 자.

교복은 언제부터 입었을까요?

서양에서 온 기독교 선교사들이 학교 교육을 시작할 때부터 학생들은 교복을 입었어요. 이화 학당 여학생들이 댕기 머리에 한복으로 된 교복을 입고 수업하는 사진이 남아 있지요. 처음에는 한복을 입었지만, 남학생 교복이 서양식으로 바뀌면서 여학생 교복도 차츰 서양식으로 바뀌었어요. 일본이 중국과 전쟁을 하면서부터는 여학생들은 몸뻬라는 작업복 바지를 교복으로 입어야 했어요.

거창 공립 국민학교 수학 시간(1944)
여학생이 교복으로 몸뻬 바지를 입고 있어요.
경남교육청 소장.

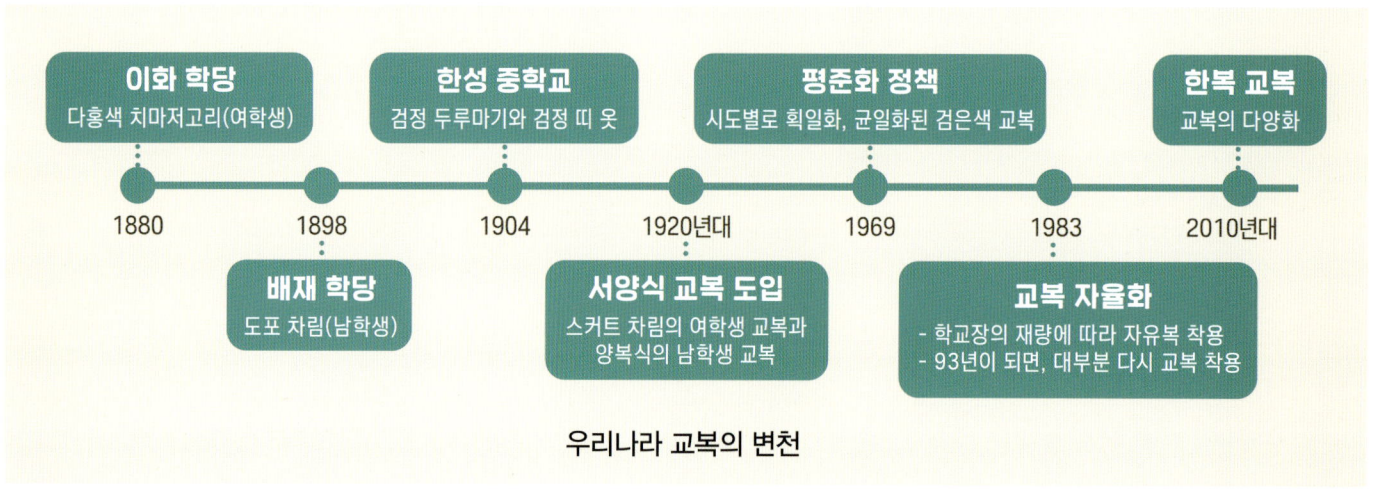

우리나라 교복의 변천

- **이화 학당** (1880): 다홍색 치마저고리(여학생)
- **배재 학당** (1898): 도포 차림(남학생)
- **한성 중학교** (1904): 검정 두루마기와 검정 띠 옷
- **서양식 교복 도입** (1920년대): 스커트 차림의 여학생 교복과 양복식의 남학생 교복
- **평준화 정책** (1969): 시도별로 획일화, 균일화된 검은색 교복
- **교복 자율화** (1983): 학교장의 재량에 따라 자유복 착용 / 93년이 되면, 대부분 다시 교복 착용
- **한복 교복** (2010년대): 교복의 다양화

여성들은 왜 몸뻬를 입었나요?

일본은 중국에 이어 미국을 비롯한 연합국과 전쟁을 벌이면서 남녀 모두 전쟁에 필요한 일을 하는 데 동원했어요. 노동에 동원하기 쉽도록 기본적인 의식주 생활까지 일일이 통제했지요. 남자가 장발을 하거나 여자가 파마를 하면 세금을 내야 했어요. 여성들은 노동복인 몸뻬를 입지 않으면 관청에 들어갈 수 없었고, 전차나 버스도 탈 수 없었어요. 그래서 거리를 오가는 여성들은 대부분 몸뻬를 입고 있었지요. 남자들은 삭발 머리를 하고 국민복이라는 옷을 입고 다녀야 했어요.

몸뻬를 입고 있는 여성
몸뻬는 가운데 통은 넓고 발목 부분은 좁게 만든 바지예요.

국민복 광고
〈매일신보〉 1941년 9월 10일 자.

그때도 배달 음식이 있었나요?

점차 일본을 비롯한 다른 나라의 음식이 들어오자 먹거리가 다양해졌어요. 우동과 튀김 같은 일본 음식, 커피나 과자 같은 서양 음식, 그리고 중국 음식인 호떡이 인기를 끌었지요. 여름에는 냉면이, 겨울에는 설렁탕이 배달 음식으로 잘 팔렸고요. 오늘날 대표적인 배달 음식인 짜장면은 중국인 노동자들이 한국에 들어온 뒤 인천에 있는 공화춘이라는 식당에서 메뉴로 개발하면서 처음 등장했어요. 그때는 요즘처럼 철가방이 아니고 나무로 된 가방으로 배달했어요.

짜장면을 배달하던 나무 가방
짜장면 박물관 소장.

서울에서 일본인들은 어디에 모여 살았을까요?

우리나라가 일본의 식민지가 되면서 일본인 관리와 경찰, 상인들이 한국에 건너와 살기 시작했어요. 일본인들은 주로 도시에 살았지요. 서울에서는 지금의 남산 자락에 있는 명동과 충무로 부근에 일본인들이 따로 모여 살았어요. 남촌이라고 불렸던 이곳은 가로등도 있었고, 도로도 말끔히 포장되어 있었으며, 은행과 상가가 늘어서 있는 화려한 거리였지요.

1920년대 서울 충무로 1가(경성 혼마치 1정목) 입구, 서울역사박물관 소장.

서울에 백화점이 있었나요?

조지야 백화점(왼쪽)과
미쓰코시 백화점(오른쪽)
서울역사박물관 소장.

일본인이 많이 사는 서울 남촌에는 백화점이 많았어요. 일본 미쓰코시 백화점이 세운 경성 지점을 시작으로 조지아 백화점, 미나카이 백화점, 히라타 백화점이 남촌에서 영업을 했지요. 한국인이 많이 사는 북촌 거리를 대표하는 백화점은 화신 백화점이었어요. 백화점은 근대 소비문화를 이끌어 갔지만, 점차 중소 상인의 살길을 위협하면서 사회 문제가 되기도 했어요.

● **문학 작품 속 백화점**

고급 상품은 물론이고 엘리베이터, 전망대, 옥상 정원 같은 새로운 시설을 갖춘 백화점은 서울의 명소가 되어 큰 인기를 끌었어요. 이상, 박태원, 채만식 등 유명한 문학가들의 작품에도 백화점이 등장했지요.

"나는 어디로 어디로 들입다 쏘다녔는지 하나도 모른다. 다만 몇 시간 후에
내가 미쓰코시 옥상에 있는 것을 깨달았을 때는 거의 대낮이었다."

– 이상, 『날개』 중에서

창경궁은 왜 창경원이 되었나요?

창경원 밤 벚꽃놀이(1971)
한국저작권위원회 공유마당 소장.

창경궁은 조선의 궁궐 중 하나예요. 그런데 대한 제국이 망하기 직전에 일본인들이 이곳에 동물을 들여오고, 순종의 허락을 받아 서양식 정원과 건물을 세웠어요. 그리고 이름이 창경원으로 바뀌었지요. 이때부터는 누구나 입장료만 내면 이용할 수 있는 공원이 되었어요. 특히 벚꽃을 많이 심어 두어, 창경원은 봄마다 밤에 벚꽃놀이를 즐기는 사람들로 북적였지요. 지금은 창경원이 아니라 조선의 궁궐인 창경궁으로 되돌려 놓았어요.

가장 많은 관객을 모은 영화는 어떤 것이었나요?

사람들은 새로운 대중문화인 영화를 무척 좋아했어요. 가장 흥행했던 영화는 1926년에 개봉한 나운규 감독의 〈아리랑〉이었지요. 농촌 청년인 최영진과 지주의 심부름꾼인 오기호의 갈등을 그린 이 영화는 서울에 있는 단성사라는 영화관에서 상영되었는데, 6개월 동안 110만 명의 관객들이 찾아들었어요. 영화를 본 사람들은 영진을 자신과 같은 한국인, 오기호를 지배자인 일본인의 처지에서 바라보며 열광했어요.

● 〈아리랑〉의 줄거리

주인공인 최영진은 만세 운동에 가담했다가 정신이 이상해진 청년이에요. 영진에게는 여동생 영희가 있는데, 오빠 친구인 윤현구와 사랑하는 사이지요. 그런데 지주의 심부름꾼인 오기호가 영희를 차지하려 하면서 현구와 싸움이 벌어져요. 결국 그 싸움을 지켜보던 영진이 환상에 휩싸여 낫으로 기호를 죽이게 되지요. 영진이 일본 순사에게 끌려가는 마지막 장면에서 마을 사람들이 아리랑을 부르며 배웅하자, 관객들도 모두 일어나 아리랑을 불렀다고 해요.

영화 〈아리랑〉의 한 장면, 아리랑연합회 소장.

영화 〈아리랑〉 광고, 〈매일신보〉 1926년 10월 3일 자.

대중가요는 인기가 있었나요?

백년설 음반
국립민속박물관 소장.

처음 대중가요가 생겨날 때는 서양 곡에 일본어 가사를 붙인 일본 대중가요를 다시 한국어 가사로 바꿔 부른 노래들이 많았어요. 대중가요는 레코드라는 이름의 음반에 담겨 널리 퍼져 나갔지요. 당시 노래 가사에는 나라 잃은 슬픔을 담은 '나그네'라는 단어가 많이 나왔어요. 특히 백년설이라는 가수가 부른 〈나그네 설움〉은 큰 인기를 끌었지요. 오늘날 사랑받고 있는 트로트도 이때 유행하기 시작했어요.

누가 문화재를 지켰을까요?

일본인들은 귀중한 우리 문화재를 일본으로 가져갔어요. 민족 문화를 상징하는 문화재가 일본인의 것이 되는 것은 안타까운 일이었지요. 서울 종로 일대에서 이름난 부잣집 아들로 태어난 전형필은 천도교 지도자이자 서예가인 오세창을 만난 후, 우리 문화재를 지키는 데에 전 재산을 바쳤어요. 미술품의 가치를 알아보는 눈을 키워 좋은 미술품을 사들이고, 1만여 점에 달하는 우리 문화재를 지켜 냈어요. 그중 〈훈민정음(해례본)〉은 유네스코 세계 기록 유산이 되었지요. 또한 우리나라 최초의 개인 박물관을 지었는데, 그곳이 바로 오늘날 간송미술관이지요. 간송미술관에서는 전형필이 수집한 소중한 미술품을 해마다 전시해 많은 사람들의 눈길을 끌고 있어요.

간송 전형필(1906~1962)
간송미술문화재단 소장.

일제 강점기에 지어진 건축물이 아직 남아 있나요?

한국은행 화폐박물관(구 조선은행), 대한민국역사박물관 소장.
조선은행 10원권, 서울역사박물관 소장.

서울도서관(구 경성부청), 경성부청은 광복 후 서울시청으로 쓰이다가 2012년에 서울도서관으로 탈바꿈했어요. 서울도서관 소장.

서울에는 일제 강점기에 지어진 건물들이 남대문과 명동 곳곳에 남아 있어요. 일제 강점기에 경성부청으로 쓰이던 건물은 현재 서울도서관으로 이용되고 있지요. 서울역에서 시계가 걸린 붉은 벽돌 건물을 본 적 있나요? 이곳은 경성역이었어요. 명동의 한국은행 건물은 조선은행이었고, 신세계 백화점은 미쓰코시 백화점이었지요. 그리고 경복궁 안에는 조선 총독부 건물이 있었는데, 해방 50주년을 맞아 1995년에 철거되었어요.

문화역서울 284(구 경성역)
문화역서울 284 소장.

어린이들은 어떤 놀이를 했을까요?

일제 강점기에 어린이들은 공기놀이, 비석치기, 연날리기, 제기차기, 술래잡기, 그네뛰기 같은 전통 놀이도 즐겼지만 일본에서 들어온 놀이도 많이 했어요. 줄넘기 놀이, 고무줄놀이, 딱지치기가 있었지요. 또한 노래에 맞춰 놀이를 즐기는 여우야 여우야 뭐하니, 우리 집에 왜 왔니, 무궁화 꽃이 피었습니다도 이때 생겨났어요.

공기놀이 하는 아이들의 모습

왜 체조를 열심히 했나요?

처음 학교가 세워질 때부터 학생들은 체육 활동으로 체조를 배웠어요. 체조는 건강을 유지하고 체력을 향상시킬 수 있는 기본 운동이었지요. 일제 강점기에는 덴마크 체조가 유행했어요. 덴마크 체조의 창시자인 부흐가 직접 서울에 방문해 시범 경기를 하면서 사람들이 체조에 크게 관심을 가졌지요.

경성 중학교 체조 사진(아래), 서울역사박물관 소장.

축구는 그때도 인기가 많았나요?

경평대항축구전 축구공
이재형 소장, 대한민국역사박물관 제공.

일제 강점기에도 축구의 인기는 어마어마했어요. '경평대항축구전'이 열리면 2만 명의 관중이 몰리곤 했거든요. 여기서 '경'은 서울을, '평'은 평양을 가리켜요. 경평대항축구전은 경성 축구단과 평양 축구단이 서로의 지역을 오가며 치렀던 축구 경기였지요. 제1의 도시인 서울과 제2의 도시인 평양의 경쟁 의식 때문에 경평대항축구전은 대회가 거듭될수록 사람들의 큰 흥밋거리가 되면서 인기를 끌었어요.

손기정 선수는 시상대에서 왜 고개를 숙였을까요?

1936년, 독일의 나치 정권은 베를린 올림픽을 개최했어요. 베를린 올림픽의 꽃인 마라톤 경기에서 한국인인 손기정이 세계 신기록을 세우며 1등을, 남승룡이 3등을 차지했지요. 마라톤을 중계하고 있던 경성 방송국 아나운서는 "손 군이 드디어 테이프를 끊었습니다. 당당하게 일본이 마라톤에서 우승했습니다!"라고 외쳤어요. 한국 사람들은 비록 일본에 금메달이 돌아갔지만 한국인의 승리라 여기며 축하했어요. 하지만 시상대에 올라선 손기정은 히틀러에게 월계관을 받고, 일본 국기가 올라가고, 일본 국가가 울리는 동안 고개를 숙이고 있었어요. 나라를 잃은 슬픔이 밀려와 자신의 우승을 마음껏 기뻐하지 못했던 것이었어요.

1936년 베를린 올림픽 마라톤 우승 금메달 앞면(왼쪽), 뒷면(오른쪽)
손기정기념관 소장.

시상대에 선 손기정(오른쪽)과 남승룡(왼쪽)
손기정기념관 소장.

일본이 전쟁에 진다는 걸 알았을까요?

일본은 중국을 침략해 8년 동안 중일 전쟁을 벌였어요. 미국, 영국, 소련을 중심으로 한 연합국을 상대로는 4년간 전쟁을 벌였지요. 일본의 승리를 기대하는 사람들은 친일에 앞장서기도 했지만, 많은 사람들은 일본이 전쟁에서 이기기 어렵겠다고 생각하게 되었어요. 일본의 패배를 예상한 사람들은 여운형을 중심으로 하여, 나라를 세운다는 의미의 조선 건국 동맹을 만들었어요. 중국에서는 대한민국 임시 정부가 한국광복군을 만들고, 조선 독립 동맹이 조선 의용군을 만들어 독립의 때가 오면 국내로 진격할 준비를 하고 있었어요.

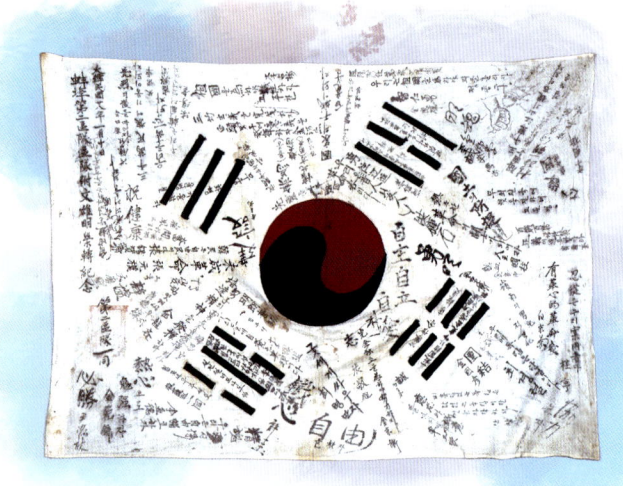

한국광복군 서명문 태극기
한국광복군 문응명이 가지고 있던 태극기예요. 광복에 대한 결의를 다지는 글귀와 서명이 빼곡히 적혀 있어요. 나라 사랑과 자유에 대한 굳건한 열망이 느껴지지요. 독립기념관 소장.

한국광복군 배지, 독립기념관 소장.

우리나라는 어떻게 해방을 맞았나요?

1945년 8월 15일 낮 12시, 일본 천황은 항복을 선언했어요. 갑작스러운 항복으로 국내로 진격하려던 독립군들의 작전은 무산되고 말았지요. 사람들이 해방을 실감한 건 다음날인 8월 16일이었어요. 이날 처음으로 사람들이 서울에 있는 휘문 중학교에 모여 집회를 열고, 감옥에 갇혀 있던 독립운동가들이 풀려나면서 해방의 감격을 누렸지요. 해방이 되자 여운형은 조선 총독부에서 치안권을 넘겨받아 건국 준비 위원회를 만들고, 각 지방에 지부를 만들었어요. 사람들은 이제 스스로 나라를 다스리는 때가 온 것을 실감할 수 있었어요.

광복의 기쁨을 누리는 사람들
해방 다음 날 마포 형무소에서 풀려난 독립운동가들과 함께 환호하는 사람들의 모습이에요. 국가기록원 소장.

38도선은 어떻게 그어졌나요?

제2차 세계 대전에서 일본과 전쟁을 치르던 연합국은 일본이 전쟁에서 지면 일본이 차지했던 지역을 어떻게 처리할지 미리 논의를 마쳤어요. 처음에는 한국의 독립을 약속했지만, 다시 열린 회의에서는 독립 후에 우선 연합국이 다스리겠다고 약속했지요. 일본의 항복이 가까워지자 미국은 38도선을 기준으로 한반도를 나누어 다스리자고 소련에 제안했고, 이 제안이 받아들여지면서 해방 직후 남쪽에는 미군이, 북쪽에는 소련군이 들어와 다스리게 되었어요.

38도선 앞에 선 가족
왼쪽 팻말에는 'SOUTH KOREA(남한)', 오른쪽 팻말에는 'CEBEP KOREN(북한)'이라고 써 있어요. 사진 속 가족은 남한으로 가기 위해 38도선을 넘으려고 하고 있어요. 국사편찬위원회 소장.

일제 강점기를 알려면 어떻게 해야 하나요?

〈삼천리〉
1931년 10월호, 국립한글박물관 소장.

〈개벽〉
1925년 통권 제26호, 국립한글박물관 소장.

일제 강점기의 역사는 조선 총독부의 〈관보〉를 비롯한 각종 문서와 조선 총독부가 발간한 〈매일신보〉 같은 신문, 그리고 한국인들이 발간한 〈개벽〉, 〈삼천리〉와 같은 잡지, 〈조선일보〉, 〈동아일보〉, 〈조선중앙일보〉 등의 신문을 통해 알 수 있어요. 서울, 부산, 군산과 더불어 여러 도시에는 일제 강점기에 만든 건물들이 문화유산으로 남아 있지요. 대한민국역사박물관이나 식민지역사박물관에서는 일제 강점기의 유물들을 볼 수 있어요. 그리고 효창 공원, 도산 공원, 매헌 윤봉길의사 기념관 등 독립운동가를 기리는 공원들에 발걸음해 보는 것도 좋지요.

대한민국역사박물관
우리나라 최초의 국립 근현대사 박물관이에요.
대한민국역사박물관 소장.

독립의 희망을 잃지 않고 일본의 지배에 저항한 36년, 일제 강점기

◆ **1910년, 대한 제국은 망했고 일본의 식민지가 되었습니다.**

1910년 8월 29일, 대한 제국과 일본이 체결한 '한일 병합 조약'에 따라 대한 제국은 역사 속으로 사라졌습니다. 지금 대한민국은 주권이 국민 모두에게 있기 때문에 외교 조약은 국민이 선출한 국회 의원의 투표를 통해 승인을 받아야 체결됩니다. 하지만 대한 제국은 주권이 황제 한 사람에게 있었기 때문에 순종 황제의 도장만 찍혀도 조약이 성립되었지요. 이렇게 한국인들은 하루아침에 일본의 지배를 받는 신세가 되고 말았습니다. 일본은 한국 땅에 조선 총독부를 세워 한국인을 다스렸고, 조선 총독은 왕과 다름없는 지위를 누렸지요. 일본은 한국인을 일본인과 차별 없이 대우하겠다고 주장했지만 사실이 아니었습니다.

태어날 때 이름을 기록하는 호적부터 한국인과 일본인의 것을 따로 만들도록 했지요. 조선 총독부가 한국에서 제일 먼저 대대적으로 벌인 정책은 토지 조사 사업이었어요. 한국을 다스릴 자금을 한국 땅에서 마련하기 위해 토지를 다시 측정하고 세금을 매겼지요. 토지 조사 사업이 끝난 후에는 한국에서 생산되는 쌀을 일본으로 가져가는 산미 증식 계획을 실시했어요. 조선 총독부가 토지 조사 사업과 산미 증식 계획을 밀어붙이면서 남의 땅에서 농사를 지으며 어렵게 살아가던 농민은 살기가 점점 더 어려워졌습니다. 그래서 정든 고향을 떠나 도시로, 만주로, 일본으로 떠나는 사람들이 많아졌답니다.

일장기가 걸린 경복궁 근정전, 국립중앙도서관 소장.

◆ **끈질기게 독립운동을 전개했습니다.**

한국인들은 일본이 한국을 지배하면서 한국인을 차별하고 자신들의 이익만을 취하려고 하자, 3·1 운동을 일으켜 전국에서 독립 만세를 외치며 만세 시위를 벌였어요. 3·1 운동의 함성에 힘입어 중국 상하이에서는 대한민국 임시 정부가 수립되었답니다. 대한민국 임시 정부는 일본의 지배로부터 해방될 때까지 27년간 끈질기게 독립운동을 전개했습니다. 만주에서는 수많은 독립군 부대가 만들어져

봉오동 전투와 청산리 전투에서 승리했고, 이후에도 어려운 여건 속에서 독립을 목표로 한 무장 투쟁이 이어졌지요. 물산 장려 운동처럼 한국인 스스로 실력을 키워 독립을 이루고자 하는 운동들도 전개되었답니다.

대한민국 임시 정부 환국 기념 사진, 백범김구선생기념사업협회 소장.

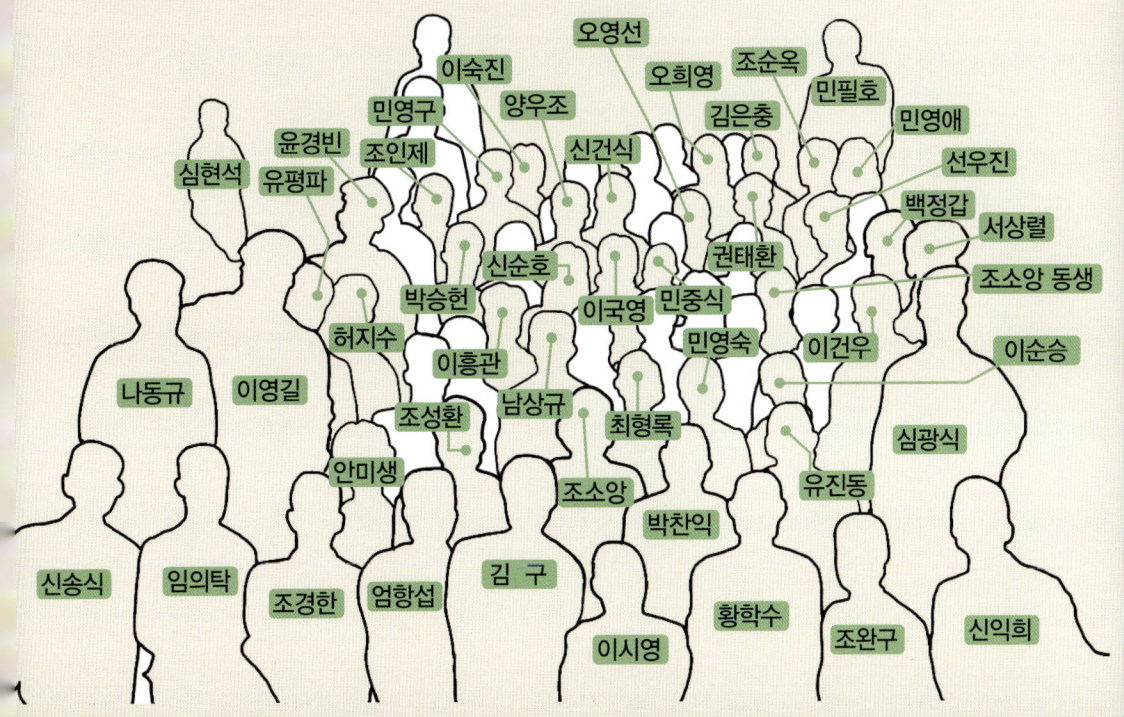

일제 강점기

1910 ~ 1945

1910
- 일본과 한일 병합 조약을 체결하면서 대한 제국이 망하다.
- 초대 총독에 데라우치가 임명되다.

1911
- 창경궁이 창경원으로 바뀌다.

1912
- 관리들이 총칼을 찬 복장을 하다.
- 토지 조사 사업을 시작하다.

1914
- 극장 단성사가 문을 열다.
- 호남선과 경원선 철도가 개통하다.

1917
- 한강 인도교(한강 대교)를 준공하다.

1919
- 도쿄에서 유학생들이 독립을 선언하다(2.8 독립 선언).
- 전국에서 독립을 요구하며 만세 시위가 일어나다(3.1 운동).
- 대한민국 임시 정부가 수립되다.

1920
- 봉오동 전투와 청산리 전투에서 독립군이 승리하다.
- 〈동아일보〉, 〈조선일보〉가 창간되다.
- 국산품을 쓰자는 물산 장려 운동이 일어나다.
- 대학을 세우자는 운동이 일어나다 (민립 대학 설립 운동).
- 조선 총독부가 많은 쌀을 생산하도록 하는 계획을 세우다 (산미 증식 계획).

1922
- 첫 어린이날 행사가 열리다.

1923
- 백정 출신들이 자신들의 인권 보호를 주장하며 형평사를 세우다.
- 《어린이》 잡지가 창간되다.

1924
- 경성 제국 대학이 문을 열다.

1926
- 영화 〈아리랑〉이 개봉하여 큰 인기를 끌다.

37

◆ **많은 단체를 만들어 활발히 사회 운동을 전개했습니다.**

일본의 지배를 받고 있었지만, 한국 사람들은 많은 단체를 만들어 자신들의 생각을 알리고 행동하며 사회 운동에 앞장섰어요. 여성들은 소녀회, 부인회 등을 만들어 여성을 차별하지 말 것을 주장했습니다. 대표적인 여성 단체로는 근우회가 있었지요. 어린이들도 소년회를 만들어 어린이의 인권을 보호하는 소년 운동을 펼쳤어요. 어린이날에는 전국에서 어린이들이 거리로 나와 활기차게 행진했지요. 노동자들도 노동조합을 만들고, 농민들은 소작인회나 농민 조합을 만들어 자신들의 권리를 보호하고자 했답니다. 조선 시대부터 천민이라는 신분 때문에 고통을 받았던 백정 출신들은 형평사를 만들어 자신들의 인권을 존중해 달라고 주장했습니다. 조선 총독부는 사회 운동을 펼치던 단체들이 모임을 열면 경찰을 보내 감시하거나 모임을 해산시키며 방해했어요. 하지만 한국인들은 이에 굴하지 않고 다양한 단체를 만들어 회원을 모집하고, 토론회나 강연회를 열어 자신들의 권리와 인권 보호에 뛰어들었어요.

축음기
국립민속박물관 소장.

◆ **서양 문물을 중심으로 한 새로운 문화가 뿌리를 내렸습니다.**

이 시기부터 아침에 빵과 우유로 식사하고, 백화점에 들러 쇼핑하고, 점심으로 짜장면을 사 먹고, 오후에 극장에서 영화를 관람하는 일과가 가능해졌습니다. 무엇보다 사람들은 영화를 좋아했어요. 〈아리랑〉이라는 영화는 무려 110만 명이 관람했다고 해요. 사람들은 라디오에서 흘러나오는 대중가요를 따라 불렀고 좋아하는 가수의 레코드를 사서 전축에 얹어 듣기도 했습니다. 여성들이 단발에 화장을 하고 짧은 치마를 입고 돌아다니는 풍경도 이때 등장했지요. 남녀가 서로 사랑한다는 이유로 결혼하는 일이 별로 없던 시절이라 연애결혼을 했다는 사실만으로도 큰 관심을 받기도 했어요. 이렇게 일제 강점기부터 개인이라면 누구나 자신의 말과 행동에 책임을 지면서, 스스로 하고 싶은 일을 하면서 살아갈 수 있는 문화가 뿌리내리기 시작했답니다.

미쓰코시 백화점 경성 지점
서울역사박물관 소장.

◆ **전쟁에 동원되어 많은 고통을 겪었습니다.**

일본은 타이완을 먼저 식민지로 만들고, 그다음 한국을 지배했습니다. 그런데 일본의 정복 욕심은 끝이 없었지요. 일본은 중국을 차지하려고 전쟁을 일으켰어요. 일본의 예상과 달리 중국이 쉽게 항복하지 않자 전쟁은 길어졌지요. 일본은 중국과 전쟁하면서 미국 땅인 하와이의 진주만을 침략하여 전쟁을 확대했어요. 이 과정에서 일본은 전쟁에 필요한 물자를 한반도에서 가져갔고, 한국인을 전쟁터와 공장으로 끌고 갔어요. 여성들도 '위안부'라는 이름으로 전쟁터에 끌려갔지요. 이렇게 한국인을 일본이 저지른 전쟁에 동원하기 위해 조선 총독부는 한국인의 이름까지 일본식으로 바꾸고, 학교에서 일본어만 가르치도록 했어요.

◆ **일본의 지배에 대한 기억을 잊지 않고 있습니다.**

마침내 일본은 전쟁에서 졌고, 한국은 해방을 맞게 되었습니다. 한국인들은 독립의 그 순간까지 국내는 물론 해외에서 독립운동을 펼치며 일본의 지배에 저항했어요. 해방 직후, 동시 작가인 윤석중 선생님께서는 한국인에게 일본의 지배를 어떻게 생각했는지를 잘 보여주는 '사라진 일본기'라는 동시를 쓰셨어요.

일본기를 보면 일본말이 생각난다.
일본기를 보면 전쟁이 생각난다.
일본기를 보면 거짓말이 생각난다.

한국인들은 비록 해방이 되었지만, 일본의 지배로 인한 고통을 잊을 수 없었습니다. 일본은 독립된 한국과 〈한일기본조약〉을 맺어 서로 오가고 있지만, 지금까지도 한국을 지배하고 한국인을 전쟁에 강제로 동원한 것에 대해 제대로 사과하지 않았어요. 그래서 한국과 일본이 서로 부딪치기도 하고, 한국인들은 여전히 일본에 좋지 않은 감정을 많이 갖고 있지요. 하지만 한국인들은 일본 지배로 인한 고통을 탓하기만 하지 않고 경제와 민주주의를 발전시키면서 스스로 한국인이라는 자부심을 갖고 살아갈 수 있는 세상을 만들어 나아갔습니다.

일제 강점기

1910 ~ 1945

1927	• 민족 운동 단체인 신간회가 생겨나다.
	• 최초의 전국적인 여성 단체인 근우회가 탄생하다.
1929	• 광주에서 학생들이 일본에 항의하는 운동을 일으켜 전국으로 번지다(광주 학생 운동).
1930	• 최초의 백화점인 미쓰코시 백화점이 세워지다.
1931	• 농민들에게 문자를 보급하는 브나로드 운동이 일어나다.
	• 한국인이 세운 최초의 백화점인 화신백화점이 문을 열다.
	• 김구가 상하이에서 한인 애국단을 조직하다.
1932	• 이봉창이 일본 천황에 폭탄을 던지다.
	• 윤봉길이 훙커우 공원에서 일본군 지휘부를 향해 폭탄을 던지다.
1933	• 조선어 학회에서 〈한글 맞춤법 통일안〉을 발표하다.
1935	• 학생들에게 일본 천황을 모신 신사에서 절하기를 강요하다.
1936	• 손기정이 베를린 올림픽 마라톤 경기에서 우승하다.
1937	• 일본 천황에 충성하도록 강요하는 〈황국 신민 서사〉를 제정하다.
1938	• 한국인을 군인과 노동자로 강제 동원하기 시작하다 (국가 총동원법).
1940	• 한국인의 성과 이름을 일본식으로 바꾸도록 강요하다(창씨개명).
	• 대한민국 임시 정부가 한국 광복군을 설립하다.
1941	• 소학교가 국민학교로 이름이 바뀌고 한국어 교육이 없어지다.
1944	• 여운형을 중심으로 조선 건국 동맹을 조직하다.
1945	• 8월 15일 해방이 되다.

찾아보기

ㄱ
강주룡 · 16
개벽 · 35
경부선 · 6
경성부청 · 31
경성역 · 6, 31
경성 제국 대학 · 15, 21
경술국치일 · 4
경원선 · 6
경의선 · 6
경평대항축구전 · 33
공채 · 11
공출 · 22
공화춘 · 27
광주 학생 운동 · 18
교통국 · 11
국민복 · 26
군함도 · 23
근우회 · 19
김좌진 · 12
김구 · 13

ㄴ
나운규 · 29
나혜석 · 24
남자현 · 13
노동 쟁의 · 16

ㄷ
대한 국민 의회 · 10
대한매일신보 · 7
대한민국 임시 정부 · 10, 11
대한민국 애국 부인회 · 11
대한 제국 · 4, 36
덴마크 체조 · 32
독립 선언식 · 8
독립신문 · 11
동맹 휴학 · 18

ㄹ
레코드 · 30

ㅁ
매일신보 · 7
모던 걸 · 24
모던 보이 · 25
몸뻬 · 26
물산 장려 운동 · 14
미쓰코시 백화점 · 28
민립 대학 설립 운동 · 15

ㅂ
방정환 · 17
백년설 · 30
봉오동 전투 · 12
브나로드 운동 · 15
베델 · 7

ㅅ
3·1 운동 · 8, 9
38도선 · 35
삼천리 · 35
성진회 · 18
소작 쟁의 · 17
손기정 · 33
신간회 · 19
신여성 · 24
신흥 무관 학교 · 12

ㅇ
〈아리랑〉 · 29
안경신 · 13
안창호 · 10
〈어린이〉 · 17
어린이날 · 17
여운형 · 34
연통제 · 11
오광심 · 13
유관순 · 8, 9
윤봉길 · 13
이봉창 · 13
이화림 · 13
이회영 · 12
일본군 위안부 · 23

ㅈ
전형필 · 30
조선 건국 동맹 · 34
조선 독립 동맹 · 34
조선 의용군 · 34
조선 은행 · 31
조선 총독부 · 4

ㅊ
창씨개명 · 22
청산리 전투 · 12
최승희 · 24

ㅌ
탑골 공원 · 8
토지 조사 사업 · 6

ㅍ
팔각정 · 8
평화의 소녀상 · 23

ㅎ
한국광복군 · 34
한성 정부 · 10
한인 애국단 · 13
한일 병합 조약 · 4
형평사 · 16
호남선 · 6
홍범도 · 12
황국 신민 서사 · 20

* 이 책에 수록된 사진은 해당 사진을 보유하고 있는 단체와 저작권자의 허가를 받아 사용했습니다.
* 저작권자를 찾지 못하여 게재 허락을 받지 못한 사진에 대해서는 저작권자가 확인되는 대로 게재 허락을 받고 사용료를 지불하겠습니다.